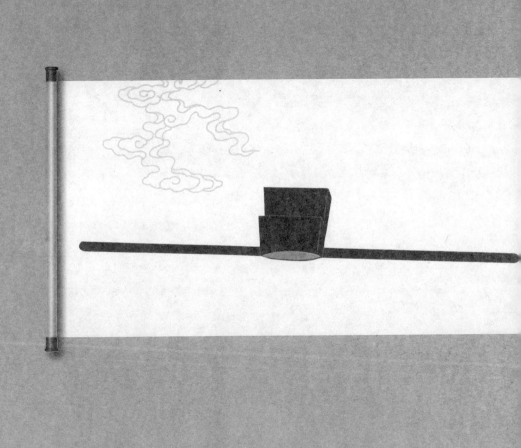

陈桥兵变

◎ 主编 金开诚

◎ 编著 潘宏波

吉林出版集团有限责任公司

吉林文史出版社

图书在版编目（CIP）数据

陈桥兵变 / 潘宏波编著 . 一长春：吉林出版集团
有限责任公司：吉林文史出版社，2010.11（2022.1 重印）
ISBN 978-7-5463-4158-3

Ⅰ . ①陈… Ⅱ . ①潘… Ⅲ . ①陈桥兵变－通俗读物
Ⅳ . ① K244.05

中国版本图书馆 CIP 数据核字（2010）第 222307 号

陈桥兵变

CHENQIAO BINGBIAN

主编/ 金开诚 编著/潘宏波

项目负责/崔博华 责任编辑/崔博华 高原媛

责任校对/高原媛 装帧设计/柳甬泽 张宣婷

出版发行/吉林文史出版社 吉林出版集团有限责任公司

地址/长春市人民大街4646号 邮编/130021

电话/0431－86037503 传真/0431－86037589

印刷 / 三河市金兆印刷装订有限公司

版次/2010 年 11 月第 1 版 2022 年 1 月第 5 次印刷

开本/ 650mm×960mm 1/16

印张/9 字数/ 30千

书号/ ISBN 978-7-5463-4158-3

定价/ 34.80元

前 言

文化是一种社会现象，是人类物质文明和精神文明有机融合的产物；同时又是一种历史现象，是社会的历史沉积。当今世界，随着经济全球化进程的加快，人们也越来越重视本民族的文化。我们只有加强对本民族文化的继承和创新，才能更好地弘扬民族精神，增强民族凝聚力。历史经验告诉我们，任何一个民族要想屹立于世界民族之林，必须具有自尊、自信、自强的民族意识。文化是维系一个民族生存和发展的强大动力。一个民族的存在依赖文化，文化的解体就是一个民族的消亡。

随着我国综合国力的日益强大，广大民众对重塑民族自尊心和自豪感的愿望日益迫切。作为民族大家庭中的一员，将源远流长、博大精深的中国文化继承并传播给广大群众，特别是青年一代，是我们出版人义不容辞的责任。

本套丛书是由吉林文史出版社和吉林出版集团有限责任公司组织国内知名专家学者编写的一套旨在传播中华五千年优秀传统文化，提高全民文化修养的大型知识读本。该书在深入挖掘和整理中华优秀传统文化成果的同时，结合社会发展，注入了时代精神。书中优美生动的文字、简明通俗的语言、图文并茂的形式，把中国文化中的物态文化、制度文化、行为文化、精神文化等知识要点全面展示给读者。点点滴滴的文化知识仿佛颗颗繁星，组成了灿烂辉煌的中国文化的天穹。

希望本书能为弘扬中华五千年优秀传统文化、增强各民族团结、构建社会主义和谐社会尽一份绵薄之力，也坚信我们的中华民族一定能够早日实现伟大复兴！

目录

一、赵匡胤的登场

（一）传奇的出生和少年时代

927年（后唐王朝明宗李嗣源天成二年）3月21日，赵匡胤在洛阳（今河南省洛阳市）夹马营（至今洛阳还有夹马营路）出生。古人总是在追述帝王降生时附上祥瑞之说，对历代开国君主出生的描写，都笼罩以神秘的面纱。对于宋朝的开国皇帝赵匡胤而言，也是如此，他的出生和幼年经历也被附以传奇色彩。据说赵匡

胤出生时，红色的光照耀在他出生的房间，奇异的香味过了一个月都没有散去，而他的身体上更是呈现出金色，三天都没有褪去。虽然这个传说未必可信，但他确实拥有一个叫做"香孩儿"的小名。

此时正值中国历史上五代十国的中期，威赫数百年的大唐帝国已经在世界上消失整整二十年了。一个平衡被打破，接踵而来的就是长久不息的动乱。藩镇割据（即军阀割据）的情况十分严重，战乱时有发生，赵匡胤、赵匡义兄弟幼时也曾随母亲杜氏逃避战乱，因年幼，便被杜氏放在箩筐里担着走，被陈抟见到了，不无感叹地说："都说当今没有真龙天子，却将天子挑着走。"事实上，这些当然都是后人的附会之说。

赵匡胤从小就受到良好的军事教

育，小小年纪就气度非凡，再加上天资聪颖，学习骑射都要比同龄人强很多。有一回，少年赵匡胤和同伴们试着驯服烈马，但还没来得及给马上鞍，马就挣脱缰绳跑到了大街上。霎时间道路大乱，人人自危，但在千钧一发的时刻，赵匡胤跃身而上，制服了烈马，一街行人因此幸免于难。

(二) 家庭和性格

赵匡胤的祖父赵敬曾经官至涿州（今河北省涿州市）刺史，但是在藩镇割据的情况下，这一官职也并没有给他们家带来超过一般家庭的财富和社会关系，没有能够在祖居之外置下其他的产业，赵敬留给儿子们的只有保塞县丰归乡东安村这一个故居之所。赵匡胤的父亲赵弘殷是军阀割据年代绝大部分军人的一个缩影。赵弘殷曾是后唐、后晋、后汉、后周四代王朝的武将。据史书记载，赵弘殷"少骁勇，善骑射"，在无数次对阵中，官职在缓慢上升，做过检校司徒（一种荣誉官名，没有

实权）、天水县男、赠官太尉（和司徒一

样，也是一种荣誉官名），并晋身禁军行

列。而赵匡胤出生后十几年，朝代两度更

迭。其父赵弘殷也在唐庄宗被杀后备受

冷落，赵家逐渐衰落。此后，很长时期内

赵家的生活状况也没有根本性的改观。

从赵匡胤后来斥责其弟弟赵匡义的记载

中可以看到，一直到他离家从军的时候，

　　他们在夹马营老家过的都是"麻屦布裳"的日子。在赵匡胤称帝后还保留了以前所穿的"麻屦布裳"以"赐左右"。即使到了赵匡胤官至禁军领袖后，经济状况也没有得到缓解，以至续弦时还需要他人资助，"太祖将聘孝明皇后也，永德出缗钱金帛数千以助之"。这种情况一直持续到"陈桥兵变"当日。兵变前夕，赵匡胤和家人说及此事，他那个丧夫在家的妹妹还在厨房亲自擀面，没有仆人。

　　艰苦的生活培养了赵匡胤俭朴的生活习惯，而且保持到去世。一个人在长期艰苦后突然富贵的情况下继续保持俭朴的生活，能做到这点的人非常少，可以看

出赵匡胤过人的自制能力。这一点是赵匡胤本人品德中极其优秀的一面，给宋朝的财政政策带来了极其正面、极其重要的影响。可以说，在这方面赵匡胤比汉武帝、唐太宗强很多。赵匡胤不仅自己俭朴，还要求官员也如此。他不仅以"麻屦布裳"以"赐左右"，还对贪官污吏采取了最严厉的行动。终太祖一朝，被"弃市"的贪官污吏远远超过了叛变、违抗军令等必杀无赦的军人。而赵普被罢相也与此有关。

（三）青年时期的闯荡

赵匡胤在年轻时必定有着比绝大多

数人更长远的想法，因此从军成为他唯一的选择。"太祖时接五代，百姓困极，豪杰多以从军为利。"21岁时，赵匡胤正值风华正茂之时，便辞别父母和成婚三年的妻子，离家外出闯荡。

赵匡胤在一开始也想在一个熟悉的环境中发展，为此他想到父亲的一些同僚那里谋求机会。可是赵弘殷似乎并不同意赵匡胤的想法，并且采取了相应的行动。所以当赵匡胤到他所知道的父亲的熟人那里寻求机会时都遭到了挫败。

赵匡胤找的其中一个人是随州刺史董宗本。董宗本收留了赵匡胤，也顾全了和赵弘殷的情谊。但他没有安排赵匡胤，只是让赵匡胤和他的儿子董遵海"常共臂鹰逐兔"。董遵海和赵匡胤同年，没有

读过书，"目不识龙"，经常欺负赵匡胤。赵匡胤寄人篱下，只好忍气吞声，后来因受不了而离开。赵匡胤即位后，董遵海怕得要死，倒是他妻子认为皇帝不会计较这些小事。后来，赵匡胤还帮他找到了失散的母亲，很是纵容他。因为董氏毕竟是父亲的旧友。

　　赵匡胤还曾投奔父亲昔日的同僚王彦超，希望能谋一官半职。王彦超看到赵匡胤落魄的样子，竟像打发乞丐一样，给了他几贯钱，便把他赶走了。后来赵匡胤即位后，某日说及此事时，王彦超的应对极其巧妙："蹄涔之水，安可容神龙？万一留止，又岂有今日之事？"他是怎么也不能说出赵弘殷的"嘱托"的。史载王彦超"温和恭谨，能礼下士"，他怎么会拒绝有优秀军人素质的赵匡胤？何况他自己走投无路时还曾经到寺庙躲避呢！赵匡胤可能也知道个中原因，所以他并没有一点责怪王彦超的意思，反而还封赏王的父亲。

　　赵匡胤离开王彦超处后，无奈中拿着这几贯钱去赌博，哪知手气竟是出奇地好，盘盘皆赢。当他满心欢喜地要拿钱离开时，那些红了眼的赌徒却欺负赵匡胤是外地人，一拥而上，将他按在地上，一阵拳打脚踢，抢了他的钱财之后扬长而去。

在彷徨无助之际，无聊之下的赵匡胤大白天在寺庙睡觉。院中住持饱经沧桑，阅世知人颇深。他见赵匡胤方面大耳，虽风尘仆仆，却难掩富贵之相，一身不起眼的装束，却透出英伟之

气（据史书记载，赵匡胤长大后，容貌雄
伟，非常有气度，慧眼识人的人都知道他
不是凡人），又见赵匡胤谈吐不凡，胸中
自有一番天地，便劝赵匡胤北上。南方地
区相对较稳定，而北方却是战乱频繁，乱
世出英雄。老僧的启发促使赵匡胤决定
不再依靠关系，而是在一个陌生的环境
中从零开始，便骑着住持送给他的驴北
上。

二、赵匡胤的
谋权之路

（一）初露头角

赵匡胤到了邺都后，恰巧后汉枢密使郭威（天雄军节度使）正在招兵买马，于是投奔到郭威麾下作了一名亲兵。此后，打仗就成了赵匡胤的职业。虽然刚投奔到郭威麾下的赵匡胤还很年轻，而且与父亲共事一主，但他并不依靠父亲的权势作为自己的晋升阶梯，而是勇猛作战，积累下了许多军功。而在军旅生涯中，赵

匡胤带兵有方，养成了令行禁止、铁面无

私的习惯，即使是对父亲也不例外看待。

当他守城时，为了防患于未然，晚间一律

紧闭城门，严禁任何人进出，有一回赵弘
殷在夜间领兵到了城下，传呼赵匡胤开城
门迎接，但赵匡胤却在城楼上对父亲说：
"父子之间固然是至亲，但城门启闭的
命令是军令、王命，断然不可违抗。"就
这样，直到第二天早上，他才把父亲迎进
城。也正因如此，使赵匡胤在军队中赢得

了崇高的威信。

乾祐三年（951年），郭威在部下的拥立下发动兵变夺取后汉政权，建立了后周，是为周太祖。此时，赵匡胤因战功被升为皇宫禁卫军的一个小头目。他跟着郭威耳濡目染，学到了许多政治谋略，就连夺取政权的方法也被他后来借去进行了一次成功的实践。此时的赵匡胤已经初步引起了注意。南唐王朝中书舍人韩熙载曾奉命出使后周王朝，回来之后，南唐王朝皇帝李璟询问后周王朝的将领如何，韩熙载说："赵匡胤神情不同于其他人，

难以预测。"

在赵匡胤担任皇宫禁卫军小头目期间，周太祖的养子、开封府尹柴荣时常出入皇宫，见赵匡胤颇有才能，便将他调到自己帐下，让他做开封府的骑兵指挥官。

这样，刚刚25岁的赵匡胤就成为后周的高级军官。而周太祖无子，柴荣是皇位继承人。赵匡胤实际上来到了未来皇帝的门下，他也正是由此逐步走上了通往权力顶峰的道路。

（二）军事征战中的权力攀升

显德元年（954年），周太祖病死，柴荣即位，是为世宗。周世宗也是一个具有杰出军事才能和政治才能的人，素怀统一天下的大志。他高瞻远瞩，采取了许多利国利民的措施，希望能够富国强兵，统一疆土。而拿下南唐，统一南北，一直是周世宗柴荣的梦想，所以当他在位时，后周与南唐的战事不断。赵匡胤在跟随周世宗攻打南唐的过程中，屡立战功，官位节节上升。

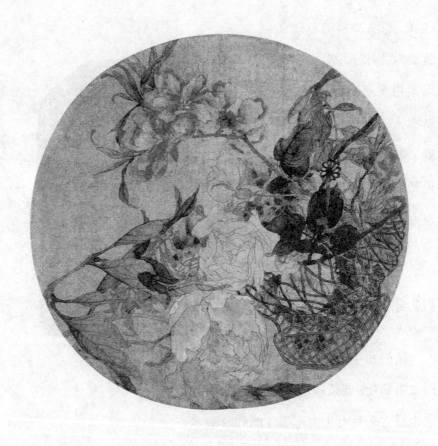

　　其间，北汉刘崇联合辽朝大举进攻后周，世宗调兵遣将，御驾亲征，赵匡胤随同出征。双方在山西高平展开激战。战斗开始不久，后周大将樊爱能、何徽等人临阵怯场，军队自乱阵脚，呈现溃败之势，形势顿时对后周军十分不利。而此时世宗身边只有赵匡胤和另一位将军张永德所率领的亲兵四千人。正在危急关头，赵匡胤镇定自若，建议世宗兵分两路夹击辽军，得到同意。赵匡胤和郭威的女婿张永德领兵直扑敌军，策马直冲北汉军队前锋。赵匡胤高喊为主效忠的口号，士气大振。北汉军队没想到他如此勇猛，顿

时大乱。后周的增援部队也及时赶到，投入战斗，世宗终于打败汉辽联军。柴荣率军乘势收复了河东城。赵匡胤在这一战中身负重伤，虽然左臂中箭仍然英勇作战，直到柴荣看到他的伤势，强令他回营

时他才住手。有了这样出色的战绩，待到班师回朝之后，柴荣便委任赵匡胤为殿前都虞侯、严州刺史，统领禁军。

显德四年（957年），周世宗柴荣一次南征未果，之后南唐加强了守备。世宗想方设法要重创南唐驻军却总无机会，正想要与群臣商议战事的时候，赵匡胤却已经领会了世宗的战略意图，带领麾下亲兵出战，没多久就大破南唐驻军，让柴荣喜出望外。此时的南唐也注意到了赵匡胤这员猛将，送去一封招降书和白金

三千两想要收买他。没想到赵匡胤却把书信和白金一起上缴，让南唐的计策落空，也让柴荣对他更加信任。于是在第二年，在赵匡胤年仅31岁的时候，他被晋封为忠武节度使。

（三）整顿禁军中的势力扩展

在赵匡胤进行的所有征战中，高平之战对赵匡胤一生事业有着极为重要的影响。由于赵匡胤在高平这一次战役中颇卖了一些力气，他的才能为张永德所赏识，在班师回京后，张永德在世宗面前

盛赞其智勇，遂被提升为殿前司的散都虞侯，而后又出任殿前都虞侯领严州刺史，负责禁军的整顿和扩充。单从职务上看，此时赵匡

胤在后周朝中还没有什么影响力。但高平之战却给赵匡胤带来两项意想不到的收获：一是在高平之战后，赵匡胤与张永德建立了密切的关系；二是赵匡胤受命负责后周禁军的选拔。尤其是后一方面与后来赵匡胤的政治举措是有极大关系的。

后周禁军分侍卫司、殿前司两大系统。侍卫司是老牌禁军，兵冗将众，而殿前司是周太祖郭威于广顺二年创建，共两万人，战斗力较强，但兵力单薄，殿前司系统原由李重进统领。李与张素来不

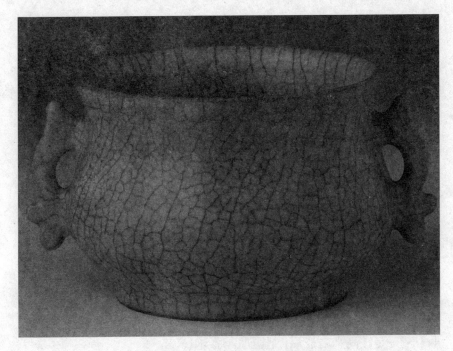

合，也是后来赵匡胤的最大政敌。李重进统领殿前司仅一年即改领侍卫司，张永德出任殿前都指挥使，此时，侍卫司的势力要超过殿前司，而李重进的地位也高于张永德，但高平之战中，侍卫司的表现不如殿前司，于是周世宗才决定对整个禁军进行整顿。此时禁军的整顿包括两个方面，一是对全体禁军进行一次普遍筛选，原侍卫司的部分精壮兵补充到殿前司；二是对新招募的"天下壮士"加以精选。赵匡胤不仅出色地完成了周世宗交给他的整顿任务，使后周军队的面貌大大改观，增强了士兵的战斗力。而且更为重要的是，赵匡胤在整顿军队的过程中，逐渐在禁军中形成了自己的势力。

一方面，通过选拔禁军均衡了后周殿前司和侍卫司两军的实力。高平之战前侍卫司兵力约有十万，殿前司约两万，侍卫司实力远远高于殿前司。高平之战

后，在选拔禁军的过程中，原属侍卫司的精壮被补充到殿前司，新招募的"天下壮士"也被赵匡胤优先选拔到殿前司。殿前司兵员大增，战斗力更有明显提高，所谓"士卒精强，近代无比"。这成为赵匡胤实力发展的一个关键点。因为侍卫司经过淘汰后，兵额大大下降，殿前、侍卫二司的势力已大致均衡。显德三年，即高平之战后的第二年，首设殿前都点检一职，为殿前司的最高统帅，由张永德担任，赵匡胤也升任殿前都指挥使，成为禁军高级将领之一，此时，殿前司无论是势力还是统帅的级别均与侍卫司相当，因为赵匡胤后来主要是依靠殿前司的兵力，并以殿前都点检的身份发动"陈桥兵变"

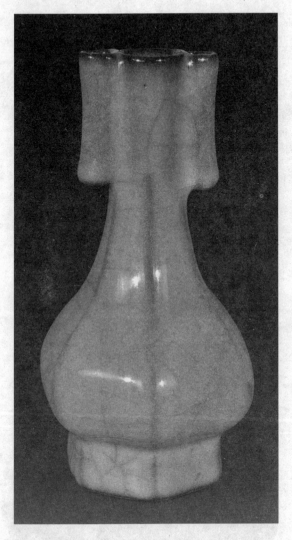

的，所以，对赵匡胤负责扩充殿前司一事

的意义，实在不能低估。

　　另一方面，为赵匡胤建立派系、排

除异己提供了一个绝好的机缘。在驸马

张永德的庇护下，赵匡胤得以树立派系，扩张自己的势力。此时，张为殿前司的统帅，而赵则奉世宗之命负责殿前司的扩充，在整顿和扩充禁军的过程中，赵匡胤广泛结交禁军其他高级将领。其中，石守信、王审琦、杨光义、李继勋、王政忠、刘庆义、刘守忠、刘廷让、韩重赟与赵匡胤结为"义社十兄弟"。十兄弟中有六人在正史中有传，从《宋史》各传看，此六人大都是后汉时期投军的，高平之战后，他们均在殿前

司各军中担任中级将领，如石守信为铁骑控鹤四厢指挥使，王审琦为铁骑都指挥使，韩重赟为铁骑都虞侯，刘廷让为铁骑右厢指挥使等等，这与赵匡胤负责"殿前诸班"的扩充无疑有着直接的关系。此后几年里，赵匡胤又陆续将自己的心腹罗彦环、田重进、潘美、米信、张琼和王彦升等人安排到禁军中担任各级将领，进而从上而下控制了禁军。此外，赵匡胤还网罗人才组成自己的智囊团，他帐下有大批谋士，如赵普、吕余庆、沈义伦、李处耘和楚昭辅等人，后来还有他的弟弟赵匡义。正是这些亲信的存在，为"陈桥兵变"的实施积攒了实力和基础。

此外，由于赵匡胤在殿前司中下级官吏的选拔方面具有决定权，使其能够在借助张的力量的同时，来奠定自己在中下级官兵中的基础，而这与赵匡胤后来得国有着极大的关系。由于赵匡胤负责的是殿前诸班的选拔，以他当时的身份、职务，对中级以上的军官只可能有推荐权，而对士兵和小校之类的基层军官，则有相当的决定权，这就使得他在殿前司系统中打下了深厚的"群众基础"。所以在殿前司系统中，张永德虽是最高统帅，长期位居赵匡胤之上，但他却并无赵匡胤这样广泛而坚实的"群众基础"。《续资治通鉴长编》卷一称:"太祖掌军政六年,士卒服其恩威……人望固已归之。"这虽然有粉饰的成分，但也并非没有根据。因为这

　　"六年"，正是从赵氏负责简选殿前诸班开始的。

　　可以说，在高平之战后，赵匡胤的权力与势力急剧攀升，加之在他统率军队南争北伐、积极消灭地方割据势力过程中所形成的勃勃野心，促使赵匡胤这个曾经的流浪汉，也开始梦想着成为九五之尊，登上帝王的宝座。

（四）铲除通往权力顶峰途中的障碍

在赵匡胤做皇帝的梦想与现实之间，还有两个大障碍，那就是周太祖的女婿张永德和外甥李重进。张永德和李重进都握有兵权，但李重进的地位比张永德高，张永德心中很不服气，两人之间的矛盾很大。周世宗为此设立了殿前司都点检一职，让张永德担任，这样，张、李二人便平起平坐。张永德与赵匡胤交情深厚，赵匡胤的第一位夫人贺氏去世后，续娶将军王饶的女儿，张永德赠给赵匡胤大量钱财，让他办了个风光的婚礼。但张永德毕竟是赵匡胤当皇帝的阻碍，因而赵不得不除掉他。

显德六年（959年），周世宗北征，沿途敌军已经望风而逃，许多契丹控制下的城池已经被收复，但柴荣却在此时病倒。据说病中的柴荣在翻看文

件时，曾经莫名其妙地得到一个锦囊，里面装着一块木牌，上面写着"点检为天子"五个字，这显然是有人事先安排好要陷害张永德，但柴荣还是顿时警惕起来，对时任殿前都点检的张永德产生了怀疑。柴荣回到京师后，随着病情加重，他又想到了那块神秘的木牌，心想张永德手握重兵，又与李重进争权夺利，格外担心张永德发动兵变，而他的儿子此时仍年幼，他担心在自己死后会有事变发生。为防患于未然，柴荣在临死之前，对身后的政局预先作过一番布置安排。一方面，加枢密使魏仁浦中书侍郎同平章事，与范质、王溥等权臣一道辅助幼子柴宗训，使柴氏子孙长久享有统治权。另一方面，解除张永德都点检之职，他让跟着自己出生入死、深受自己信任的赵匡胤取代了张永德的位置，封为检校太傅、殿前都点检。这样，赵匡胤一箭双雕，既除去了一只拦路虎，还成为禁军的最高统帅。

除去张永德后，便轮到李重进。李重进缺乏政治家的远见，他虽手握兵权，却没有形成自己牢固的政治势力，因此周世宗死后，幼主即位的情况下，赵匡胤利用手中的权力轻易就将其除去。

后周显德六年（959年），周世宗柴荣年仅39岁就告别人世。柴荣是五代十国时期最英明的皇帝，不仅对国内开始了统一，使后周国力空前强大，对外境的契丹也成功进行了反攻，且取得了成效——出兵四十天，兵不血刃，收复三

关，共得燕云十六州中的三州十七县，户口18360户。雄才伟略的柴荣曾经感叹说："假如我能再有三十年生命，一定要用十年统一天下，十年休养生息，十年致太平。"只可惜他壮志未酬身先死。虽然柴荣在位只有五年半，但他的文治武功已经为结束割据局面的事业奠定了基础，确为五代时最杰出的统治者。

此时，柴荣的儿子只有7岁（一说5岁），就继承了皇位。尽管柴荣曾有事先的安排，但后周大臣根本不服宰相魏仁

浦、范质、王溥等人的命令和管理。他们以魏仁浦出身小吏，未经科举而不服从他的统治。他们又以范质、王溥等"忠厚长者"、循规蹈矩、清廉自持而都不服帖。他们对出身行伍、性情刚直、有勇无谋的侍卫亲军副指挥韩通更不买账。此时，赵匡胤成为归德军节度、检校太尉。他对其部下"恩威并济"，驾驭将士方法得当，使他们"心悦诚服"。再加上赵匡胤老于兵事、深谋远虑、战功赫赫，在后周统治集团里，声誉地位日隆。在这种情况下，赵匡胤便设计轻而易举地将李重进明升实贬到扬州做节度使，进而控制了整个京城的局势。

　　当时，后周朝廷之内，由于"主少国疑""政出多门"，宗训年幼，不能负担起任何实际的责任，国家大事，重大政治、军事、经济举措，只好交给大臣们裁决。而文武大臣中，不是有勇无谋者，就是性情率直的"忠厚长者"，他们均不是乱世中力挽狂澜的柱石。而当时的一些握有兵权、拥有实力的宿将武夫，大多与赵匡胤来往密切，因此，朝廷内外，人心

浮动。在这种背景下，加上两大障碍的铲除，足以增长赵匡胤的野心。

此时，赵匡胤及其心腹也在加紧活动。一个很明显的事实是，在周世宗去世后的半年里，禁军高级将领的安排，发生了对赵匡胤绝对有利的变动。先看殿前司系统，原来一直空缺的殿前副都点检一职，由慕容延钊出任，慕容延钊是赵匡胤的少年好友，关系非同一般；原来空缺

的殿前都虞侯一职，则由王审琦担任，此人也是赵匡胤的"布衣故交"，与当时已经担任殿前都指挥使的石守信一样，都是赵匡胤势力圈子中的最核心人物。这样，整个殿前司系统的所有高级将领的职务，均由赵匡胤的人担任了。再看侍卫司系统。在这一系统的高级将领中，原来赵匡胤只与韩令坤有"兄弟"之谊，当时他正领兵驻守在淮南扬州，京城中实际上只剩下副都指挥使韩通，他虽然不是赵匡胤的人，但势孤力单，无法同赵匡胤抗衡。

最终，一个由殿前都点检、归德军节度使赵匡胤与禁军高级将领石守信、王审琦等人策划的军事政变计划开始酝酿，并且迅速上演了。

三、又见兵变——陈桥驿

（一）谣言下的出兵

后周显德七年（960年）正月初一，农历的新年使得后周宫廷中处处张灯结彩，一片喜气洋洋，小皇帝和大臣们准备迎接这一个传统佳节的到来。然而，正当人们沉浸在欢庆祥和的佳节气氛中时，镇（今河北正定）、定（今河北定县）两州的边关来报，上写："辽师南下，与北汉合兵，进攻周境，形势十分紧

急, 若不马上增兵, 辽兵必将长驱直

下, 后果不堪设想。"

其实这只是赵匡胤制造出来的假消

息, 他率军出发的目标不在北方而在皇

城。天下没有不透风的墙, 赵匡胤的计划

悄悄泄露了出去, 京城里人心惶惶, 许多

人已经在收拾东西, 打算逃离即将到来

的政权交替。但后周皇室还被蒙在鼓里,

也有一些大臣对赵匡胤产生了怀疑, 甚至

有人打算在临行前把他除掉, 但终因当

权者们的麻痹大意而未能施行。当时主

政的符太后毫无主见, 听说此事, 茫然不

知所措，最后向宰相范质求救。而后周的两位宰相范质和王溥闻听后慌了手脚，两人并未核查消息是否属实，便急令当时的殿前都点检赵匡胤率领大军北上御敌。但是，赵匡胤此时却推脱兵少将寡，不能出战。无奈范质只得委赵匡胤最高军权，可以调动全国兵马。

在获得可以调动全国兵马的大权之后，显德七年正月初三日，赵匡胤统率大军从京城开封出发，带着军队过了黄河。这时的北周君臣才算是吃了一颗定心丸，慢慢地恢复了先前的平静。然而，他们并不知道，一个比契丹和北汉联合入侵更加可怕的阴谋这时正在步步得以实现。

当时，大军刚离开不久，东京城内就起了一阵谣言，说赵匡胤将做天子。因为人们都依然记得，十年前河北边境入报，

契丹犯边，当时身为后汉枢密使的郭威奉命率大军北征。当军队抵达澶州（河南濮阳）时，郭威忽然发动兵变，自立为帝，建立了后周政权。再加上此前早就流传"点检做天子"之说，人们只觉得眼前之事宛如当年的翻版。因此，当位高权重的赵匡胤奉命北上时，京城中流言四起，到处都流传着"出军之日，当立点检为天子"。谣言传遍汴京城的大街小巷，一时满城风雨，民众乱作一团，民心浮动惊恐。短短几十年间，皇帝们走马灯似地你方唱罢我登场，老百姓们早看腻了。他们关心的，只是自己那点残破不堪的可怜家当和手中屈指可数的几枚铜钱的去

向。"自唐末五代，每至传禅，部下分扰剽

劫，莫能禁止，谓之靖市，虽王公不免剧

劫。"每一次兵变成功后都将京城翻转

过来彻底洗劫一遍，被洗劫得多了，老百

姓们也就自然而然生出条件反射，变成

了惊弓之鸟，没有心思再去详察流言的真

假，一有风吹草动卷起包袱撒腿就跑。

　　这个谣言不知是何人所传，多数人

不信，朝中文武百官也略知一二，负责京师防务的殿前都指挥使石守信并未将这一异常情况向后周的中央核心领导层报告，所以"惟内庭晏然不知"。以致到最后，蒙在鼓里的只有当时后周的上层统治者。

赵匡胤此时虽不在朝中，但东京城内发生的一切他都了如指掌，而且这也是他的杰作。周世宗在位时，他正是用此计使驸马张永德被免去了殿前都点检的职务而由他接任。赵匡胤知道皇帝的心理，就怕自己的江山被人夺走，所以他们的疑心很重。这次故技重施，是为了造成朝廷的慌乱，并使他的军队除了绝对听命于他外别无他路。而当大军刚出城门时，有个号称通晓天文的军校苗训指着天上说，他看到了两个太阳在相互搏斗，并对赵匡胤的亲信楚昭辅说这是天命所归。这

类说法无非是改朝换代之际惯用的伎俩
而已。

　　事实上，赵匡胤当晚抵达距都城汴
京只有四十里的陈桥驿（今河南封丘东
南陈桥镇）就驻军不前，兵变计划就在
此开始付诸实践了。

（二）兵变——黄袍加身

　　尽管是谣言，但在京城中流传的传言
却迅速在军中传开，军中将士议论纷纷：
"现在的皇帝年龄太
小，不懂朝政，我们即
使舍生忘死地杀敌，也
没人知道我们的功劳！
倒不如先立赵点检为
天子，然后再到北方抵
御敌人。"军营管理官
都押衙李处耘，把这
件事情告诉赵匡胤的
弟弟皇宫内殿侍从总

管（内殿祇候供奉官都知）赵匡义及归德军区（河南省商丘县）节度掌书记赵普（被后世称赞为"半部论语治天下"），话还没有说完，将领们就带着兵器吼叫说："军队已经决定，准备推举太尉（指赵匡胤，但是他此时还只是摄理太尉，这里应该是略称）做皇帝！"赵普的回答是："太尉是非常忠于国家的，他绝对不会原谅你们的言行。"赵普的这个回答很难说是规劝还是撺掇，但不管意图如何，将领们听了之后心里都很纳闷，有些人就慢慢散去了。没过多久，众将领又回来了，而且手里还拿着刀剑，冲着赵普大声嚷嚷："按军规，在军队中聚谋的要被灭

族。现在我们已经商量好了，如果太尉不同意，难道我们就甘心被灭族吗？"面对这一提议，赵普对着激动的将领们大声呵斥："册立天子是件大事，咱们应该认认真真地做个计划，你们怎么能这么放肆呢？"众将领听到这句话之后，就安静了下来。赵普又说："现在敌兵压境，你们谁有对付的办法？不如咱们先把敌人打跑了，回来之后再商量这件事。"众将领听了赵普的建议，当时就一口拒绝了：

"现在政出多门，等打退了敌人回来的时候，谁知道事情会变成什么样呢？现在咱们必须马上回京城，拥立太尉当皇上，然后再出兵北征，击退进犯的敌人一点也不难。"众将领还表示："如果太尉不同意的话，那我们也不走了。"这时赵普转变了口气，对众将领说："覆灭一个王朝，新生一个王朝，虽然说是上天的意思，但是实际上还是取决于人心向背。前军昨日已经渡过黄河（赵匡胤率军出征时慕容延钊一支），各节度使驻兵四方，如果京城发生了动乱，那么外寇（指契丹军队）势必趁火打劫，坐镇四方的节度使们也一定不会闲着。全国必会发生变乱。如果你们能够严格约束自

己的部下，不让他们烧杀掳掠，首都汴京（河南省开封市）的市民自然人心安定，京城的人心不乱的话，那么，全国其他地方的人心自然也会安定，不会发生变乱。这样，你们各位日后的荣华富贵自然就不用忧虑了。"赵普所谓使诸将"长保富贵"的政策，自然取得了将领们的支持，于是大家立刻遵守诺言，分别部署军队。

赵匡胤早已知道军中将士们议论之

事，他暗中部署，派亲信郭廷斌秘密返回京城，与心腹将领殿前都指挥使石守信和殿前都虞候王审琦约为内应，一旦大军返京，便由他们打开城门。同时，在大军到达陈桥驿这个地方的当晚，赵匡胤以酒肉犒劳军将，自己佯装酒醉早早睡下，他的弟弟赵匡义（即后来的宋太宗）和归

德军掌书记赵普以及几个心腹则按照预先的部署，进行着紧张的兵变准备。到了清晨时分，一夜未眠的将士们握刀持剑，早已环立帐前，呼声四起。有些将士全副披挂，准备径直入帐。守在帐外的赵匡义和赵普见状，连忙进帐唤醒赵匡胤，拥他出帐。帐外将士一见赵匡胤出来，便齐声高喊道："我们现在没有了可以效忠的主人，愿意推戴太尉您作为我们的天子。"

赵匡胤还没有来得及说话，旁边的人马上将一件只有皇帝才能穿的黄袍披在了他的身上，然后下面的人纷纷拜倒，山呼万岁，扶他上马往南方走。赵匡胤拉住马头作出吃惊又迫于无奈的样子说："你们贪图富贵，强立我为天子，我心存感谢，但是无规矩不成方圆，你们如果能服从我的命令，我就当这个天子，否则就请诸位另请高明。"将领们马上下马齐声高呼："我们定服从命令。"赵匡胤见目的已

达到就不再客气，当即约法三章："少帝

及太后，我曾北面称臣，文武百官都同我

并肩共事，对他们，你们不能随意侵犯凌

辱，近代帝王起兵初入京师时都纵兵大

肆抢掠，今天你们不得再这样劫掠都城

民众,掠夺府库财物,服从命令的将得到重赏,不服从命令的将杀无赦。"大家异口同声地响应:"不敢违命。"于是赵匡胤立即整饬军队,率兵变的队伍回师首都汴京,果真秋毫不犯。

(三) 新王朝的建立

在正月初四这一天,赵匡胤率军到达开封,早已等候的石守信和王审琦打开城门迎接。正在早朝的后周大臣们得知兵变消息,个个大惊失色,手足无措。宰相范质等人这时才知道不辨军情真假就仓促遣将是上了大当,后悔不该仓促出兵。范质握着王溥的双手说:"没有加以考虑,匆忙之间派遣赵匡胤出征,导致赵匡胤造反,这 都 是 我

们的失误！"直握得王溥双手几乎出血。

王溥因为事发突然，一句话也说不出来。

只有侍卫亲军马步军副都指挥使韩通，

在仓促间想率兵抵抗，惊惶地从皇宫飞
骑奔出，打算集结部队，但还没有召集到
军队，在回家的路上被赵匡胤的部将散
员都指挥使王彦升见到，王驱马追赶到
韩通家中，杀死韩通和他的妻子儿女。韩
通和赵匡胤一起管理皇家禁卫军，而遇
到事情多半由韩通做主。韩通性格刚强，
却没有心机，所以很多时候说话都会得
罪人。人们给他起了个绰号"韩瞠眼"。
韩通儿子韩微对赵匡胤的阴谋有所察
觉，曾经向其父献计，要趁其入府辞行的
机会，乘机将他杀掉，以免后患无穷。但

韩通没有听从，最终使自己身死人手。

赵匡胤在将领们的簇拥之下登上明德门，他命令将士回到军营，然后他回到自己的办公地点，脱下黄袍。没过多久，将领们挟持范质等到达，赵匡胤痛哭流涕地说："我得到世宗皇帝（后周世宗柴荣）的厚恩，可是今天将士们强迫我做皇帝，到了现在，我感到愧对天地，我该怎么办呢？"范质等还没有来得及说话，有指挥官衔却没有实职（散指挥都虞候）的太原（山西省太原市）人罗彦瑰按住宝剑，声色俱厉地说："我们现在没有君主，今天，必须推举出一个君主来！"范质等人听到这句话，你看看我，我看看

你，不知道该怎么办才好。这时候，王溥

"降阶先拜"，向赵匡胤叩拜表示臣服，

范质看到这样的情况，深知已无回天之

力，也随之叩拜赵匡胤，一齐跪拜在

地，口呼"万岁"。临终顾命大臣

就这样对向篡权者屈服了。陈

桥兵变的将士兵不血刃就控制

了后周的都城开封。

　　赵匡胤见众官已被收服，立即赶往皇宫，迫周恭帝逊位。文武百官就列后，发现尚未制定禅位诏书。哪知，翰林学士陶穀却拿出早已准备好的禅位诏书念给百官听，宣布周恭帝退位。皇宫事务总监（宣徽使）昝居润，引导赵匡胤到御前台阶的北面接受诏书，然后宰相扶着赵匡胤上崇元殿，戴上皇冠，穿上龙袍，正式宣布当上皇帝，官员们纷纷祝贺。由于其

所领归德军在宋州（河南商丘），于是定国号为“宋”，改元建隆，定都汴京（河南开封），赵匡胤便是宋太祖。

太祖即位后，改封周恭帝柴宗训为郑王，母符太后为周太后，迁居西京，终生奉养，其后代也受到宋朝历代皇帝的照顾，据说这是赵匡胤亲自立下的规矩。赵匡胤对于王彦升没有经过命令而杀死韩通非常生气，但是鉴于王朝刚刚建立，为了安抚人心，因此没有发作。正月八日，追赠被杀死的后周王朝的韩通为中央政府最高行政长官，以隆重的葬礼安葬。同时，赦免天下有罪的人。对所有的军人，都根据级别进行赏赐，同时命令相关官员分别禀告天地、社稷。派遣太监乘坐政府专用马车把改朝换代的事情昭告天下。但是，对于那些还在割据的节度使，颁布的又是另外一道诏书。华山隐士陈抟骑驴出游，得知赵点检做了天子，高兴得从驴上摔了下来，拍掌欢笑说："天下从此可以太平了！"

赵匡胤轻而易举地夺取了后周政权，

建立了宋王朝，成了北宋的开国皇帝宋太祖，这就是历史上著名的"陈桥兵变"。通过陈桥兵变，赵匡胤最终实现了从流浪汉到皇帝的梦想。

（四）兵变成功的背后

在中国历史上，陈桥兵变是最为成功的政变，没有遇到多大的抵抗，没有发生残杀，没有发生流血事件，没有发生掠夺，没有惊扰京城的百姓，没有对前朝的小皇帝进行杀害，甚至于对后周皇室又

加以特别的保护。可以说，赵匡胤几乎没
有付出什么代价，就以一介武夫身份登上
了皇帝宝座，最终位登九五跃居帝王之
尊，建立赵宋王朝。在赵匡胤做了皇帝以
后，很多关于他是"真命天子"的说法便

流传开来，似乎是在证明他能够登上皇位是上天的安排。

事实上，任何历史事件的发生都有其特定的社会历史背景，赵匡胤之所以能够成功发动陈桥兵变，代周建宋，一方面是与其才能及政治谋略分不开的，但同时也与唐末五代时期的混乱政局以及当时社会的一些变化紧密相连，正是这种社会环境，为此次政变的发生提供了适宜的环境。

唐末五代时期，汉魏以来影响中国百年之久的门阀政治彻底终结。正所谓"五代以还，不崇门阀"，"五季以来，取士不问门第，婚姻不问阀阅"，随之带来的是门阀政治的终结，世家大族世代垄断政权的局面完全改观，封建政权的开放程度大大提高。以往那种"上品无寒门，下品无世族"、"士庶天隔"的局面被打破了，一般的庶族阶层，甚至更为贫寒的社会底层成员开始有更多的机会向上层社

会流动。因此，唐宋之际出现的"乱世英
雄"，再也不像汉魏之际和隋唐之际那样
多为名门豪强，而是几乎全为贫寒、低微
的社会底层成员。如五代名君后梁太祖
朱温、后唐庄宗李存勖、明宗李嗣源、后

晋高祖石敬瑭、后汉高祖刘知远、后周太祖郭威等，这一批新时代的帝王将相在其发迹之前，没有什么家世背景，甚或是出身于养猪的家庭或从小就是战争中的流浪儿，有的甚至连自己的姓氏都不知道。他们所拥有的只是白手起家的坎坷经历，却创造出大大小小的奇迹。如后周郭威出身贫寒，他从普通士兵做起，十余年后竟成为后周的开国皇帝，与后来赵匡胤的"黄袍加身"相映照。"十国"的皇帝国主也大致是如此。至于将相大臣也几乎清一色地来自寒门贫贱之家。

随着社会底层成员在政治上的广泛

崛起，促使五代时期的社会心理和价值观念发生了一些新的变化：较为推崇白手起家，自我奋斗，较为看中个人的才干、功绩，而门第、血缘、家世观念则大为淡泊。五代十国时期的各国各朝的最高统治者在考虑皇位继承时，更多地着眼于接班人的功业、才干、经验和阅历，通常能在一定程度上突破家族、身世乃至血

缘的局限。一般来说, 皇帝的同辈兄弟在
功业、才干、经验和阅历等综合指标方面
要优于低一辈的皇子, 同样, 年长的皇庶
子, 尽管在血缘上不如年幼的皇嫡子正
统, 但在功业才干、经验、阅历上一般来

说都会较胜一筹。如朱温有六位亲子在世，且大都成年，但他却始终坚持传位于最年长而有才干的养子朱有文。传位观念的上述种种变化，虽然不能对封建家天下构成绝对性的否定，但对五代十国时期的高层政治必然发生影响。也正是因为这种观念上的变化，在周世宗去世后，其年幼的儿子柴宗训即位时，因为功业和威望都不具备，当时的人们才会纷纷说"天下无主"。这也充分反映出当时一种不重血缘身世，而重功业才干的判断标准，同时反映出了某种社会心态，而这对陈桥兵变的发生无疑会有较大的帮助。

同时，随着五代十国时期门第、血缘观念的淡泊，也相应地冲淡了"龙生龙，凤生凤"、"真命天子"、"君权神授"之类的观念。秦朝末年陈胜、吴广起义时曾经喊出"王侯将相宁有种乎"，而五代军阀安重荣曾经有一句更

为豪横跋扈的名言："天子，兵强马壮者
为之，宁有种乎！"这其实是从另一种角
度表达了一个更为激进的观念。在南汉
皇帝刘岩看来，本无"真命天子"，皇帝
纷纷然人人可做，他曾说："中原纷纷，
孰为天子。"既然如此，自己又有什么不

可以做皇帝的呢？到了后晋、后汉之际，甚至是"不无人思为天子也"。同为乱世的汉魏之际，飞扬跋扈、兵众将广者也很多，但敢于贸然称帝者却为数不多，即使是像曹操这样的人，也把称帝看做是畏途。而在唐末五代时期则已不然，在"不无人思为天子也"的心态驱使下，兵变成为极为平常的事情。假如一个人掌握了一定的权力，拥有了一定的财富，控制了一些兵马，实力有所扩张和发展，就可以崛起，并面南称帝。因此，在五代十国时期，称王称帝者如雨后春笋一样，没有选择地随地而生。于是，在那兵变如麻的时代，"主少国疑"，兵变可能性很大。赵匡

胤正是在这样的一个大背景下使五代十
国历史上的又一次兵变取得了成功。

一般以为，这不过是兵权与实力威慑
的结果，事实上，兵权、实力等等这些绝
对的优势，只能保证兵变的最终成功，至
于以什么方式成功，则很大程度上有赖
于决策者的政治见识，能够将大事化于
无形，翻手为云、覆手为雨。从这一意义
上看，除了上述大背景外，赵匡胤的一些
具体做法也有助其兵变不经历大规模杀
戮即可成功。

从"黄袍加身"后赵匡胤所讲的话

中，我们可以看到，首先，他严令军士，不要偷盗抢劫，这样做的结果，既严肃了军纪，又利于赵匡胤的统治地位，同时也制止了暴掠群众财物的恶习，照顾到了百姓的利益，从而取得了百姓的好感。据记载，在赵匡胤领兵进入开封后，"都城人心不摇，四方自然宁谧"。这与五代某些"纵兵大掠"的兵变相比，赵匡胤的"严敕军士"无疑表现出一种政治见识。事实上，严肃军纪，争取民心，这是一般的政治常识，五代时的其他兵变者不可能不知道这一点。

其次，在禁止偷盗抢劫的同时，停止了残暴的大屠杀，要求对后周的太后及

少帝，所有的文武官员，基本采取了保护的政策，即所谓"毋得辄加凌暴"。而五代的"兴王易姓"，改朝换代，都是伴随着一场大屠杀，除掉异已，把敌手的财产掠到自己手中。赵匡胤的这一政策改变，

减少了北宋建立过程中的阻力，取得了社会上层集团的有力支持。

最后，赵匡胤是亲自参加过拥立郭威兵变的人，深知拥立他的那些将兵是"自贪富贵"的。那么如何满足他们呢？他提出的办法是"厚赏"，即把国家府库中的财物分赐给这批拥立他的将兵。这样做基本上可以满足将兵们的要求，又可去掉他们中间不必要的摩擦与火拼，从而取得了拥立者们的许诺，使军队进城时"秋毫无犯"，只有韩通一家因反抗被杀，算是一个例外。此外，对于民间乘机抢劫者，进行坚决镇压，"闾巷奸民往往乘便攘夺，于是索得数辈斩于市，被掠者官赏其赀"。

四、兵变后的举措
与历史影响

虽然陈桥兵变的形式和过程都和以
往的无数次兵变一样，即军队指挥官暗
示中级将领，中级将领鼓动士兵，士兵再
呼吁军队指挥官当皇帝。但唯一不同的
是，这次兵变创造了一个统一的却又是温
和或者说懦弱的王朝。而这与宋太祖赵
匡胤兵变成功后的一系列巩固统治的举
措紧密相连。

（一）最初的举措——稳固内部营垒

从客观上来讲，如果抛开"家天下"的眼光来看，除了国号从周变成宋，皇帝从姓柴变成姓赵以外，赵匡胤确实是柴荣未竟理想与事业的最好继承人。他与小小年纪、不谙世事的周恭帝比起来，能力出众又手握军政大权，确实更适合掌管天下、把握政局，也只有他能够尽快结束战乱的局面，使中原重归一统，重现汉唐盛世。而他夺位除了实现自己的野心之外，也确实符合了历史与时局的要求，是"天命所归"的结果。

赵匡胤很珍惜轻松到手的江山，他不打算让"天命所归"的好戏再度上演。如何不使北宋成为继五代之后的第六个短命王朝，如何解决"君枝臣干"，重新加强中央集权，这是摆在赵匡胤面前首先要解决的问题，赵匡胤因"兵变"而登基，因此他十分害怕手下将士发动兵变而使自己丧权。

但是，在兵变后的最初一段时间里，他必须要巩固成果。因此，赵匡胤开始加封有拥戴之功的将领。石守信任归德

军节度使、侍卫马步军副都指挥使；高怀

德被任命为义成军节度使、殿前副都点

检；张令铎任镇安节度使、侍卫亲军马步

军都虞候；王审琦为泰宁军节度使、殿前

都指挥使；张光翰为江宁军节度使、侍卫

亲军马军都指挥使；赵彦徽为武信军节

度使、侍卫亲军步军都指挥使。这些人都

是未来解职的对象，加封是为稳定军心，并借助他们平定异己势力，这就是兵法所说"将欲取之，必固与之"的策略。

同时，赵匡胤还极力拉拢领兵巡边的高级将领韩令坤、慕容延钊。加封慕容延钊为殿前都点检、韩令坤为侍卫马步军都指挥使，成为二司的最高统帅。这一手相当厉害，两人若接受命令，名誉上高了一些，但二司实权已全被赵匡胤亲信所掌握，若不接受命令，势孤力单，易招杀身之祸。考虑再三，他们终于选择了"听命"的道路。

此时，赵匡胤的加封是有分寸的。一方面，对可能威胁王权的人，即使关系好，也不给实权，最典型的是原殿前都点检张永德，正月的加封没有他的份，直到八月才给他下了一道命令，由忠武节度使改任武胜节度使，把他从离东京很近的许州迁到较为偏远的邓州（今河南邓县），只是赏给他二十万钱，作为当年张永

德送赵匡胤彩礼的回报。按说张永德是提拔、重用赵匡胤的恩人，从道义上说似应重用，但他的影响实在太大了，赵匡胤的将领都是张永德的下属，一旦有所动作，就会危及赵的皇位，出于政治的需要，赵匡胤就毫不犹豫地让他坐冷板凳，直到张永德去世，这种状况没有任何变化。《宋史》卷二五五《张永德传》说"尽太祖朝而恩渥不替"，张永德若是地下有知，恐怕也会苦笑的。另一方面，贬斥侵害文臣的武将。赵匡胤亲信将领王彦升刺杀韩通有功，升为铁骑左厢都指挥使，但一天晚上，他突然闯进宰相王溥家里勒索钱财，王溥告发此事，赵匡胤立即将这位功臣贬为唐州团练使。

（二）异己的铲除与削兵权的谋划

宋太祖赵匡胤虽然较好地控制了政局，但在登基的第一年内还是发生了两次兵变：第一次是四月十四日，在潞州已镇守八年的后周开国功臣李筠起兵，首先反宋，攻占泽州，"居天下之肩脊，当河朔之咽喉"，又与北汉通好。赵匡胤亲征，

六月十三日，攻克泽州。李筠投火而死。

六月十九日，李筠之子李守节在潞州城向宋太祖投降。前后不过六十多天便把乱事平定。第二次是在九月二十六日，后周太祖郭威的外甥李重进于扬州起兵。这

一次其实是被逼反的。赵匡胤与李重进是宿敌，代周后便剥夺了他侍卫亲军司的元帅职位，又不准他入京朝勤，最后下令他移镇，要连根拔起。这一次也是用了六十多天，赵匡胤便亲手平定了乱事，李重进举家自焚，所谓党羽数百人和在解州的弟弟全家都被诛杀。

为了镇压这两次兵变，宋太祖在战争后期都御驾亲临战场，体现了新皇帝对这两次兵变的重视。这两个敌人不算强大，在两个月左右便被平定了。但是，平定李筠、李重进叛乱之后，他并没有安枕而卧，而为解决兵权

隐患忧心忡忡, 由此也进一步触动了他对削夺武将兵权的思考。

有一次, 赵匡胤这样问赵普: "自唐朝末年以来数十年, 皇帝总共变易了八个姓氏, 战争不息, 生民涂炭, 这是什么原因呢? 我想要使天下的争斗停止, 为国家作一个长久的打算, 这该如何去做呢? "赵普回答说: "陛下能说这样的话，是万民的福分啊。这不是什么其他的原因，只是方镇太强大，皇上的实力弱而臣子的力量强大罢了。现在想要治理这种情况，只要削夺他们的权力，控制他们的钱粮，收回他们的精兵，那么天下就安定了。"赵普用意显然在于中央应从"权""钱""兵"三个方面入手，把政权、财权、兵权从方镇手中夺回来，换言之，用"夺""制""收"的办法使方镇与人权、财权、精兵三者分离，核心措施在于剥夺方镇赖以为祸的经济基础，不过当时最重要的也是燃眉

之急的是要解决兵权问题。可以看到，君臣之间已经达成了共识，下一步就是实施了。

（三）长治久安目标下的"释兵权"

兵权问题就是针对统帅禁军的将领和地方节度使手中拥有的兵权。

第一，大幅度调整禁军的领导人员。

由于赵匡胤自己就是靠手握禁军大权而终成大事，其重要性已经显而易见。如果能把禁军的统帅权收在自己的手中，将是再保险不过。尤其是曾参与陈桥兵变的石守信、王审琦等已"各典禁卫"成为举足轻重的人物，这不能不使赵匡胤为之担心。为此，宋太祖从自身经验出发，认识到有威望的禁军统帅容易成为政变的领袖，于是开始从整顿禁军统帅问题着手，限制和削夺武将的权力。

禁军的殿前司原来共有四帅，赵匡胤原来的职位由副帅慕容延钊接替，但他一直让这位拜把兄弟领兵在外，后借故自己曾任殿前都点检而罢慕容延钊为山南东道节度使。副帅则由曾为韩通副手的侍卫司大将高怀德升补，实际上是把他调离侍卫司。但赵匡胤还不放心，又把寡妹嫁给他。同时，皇弟赵匡

义也挤上了殿前司的第四把交椅。这样，殿前司的最高统帅空缺，副帅是新上任的妹夫，四帅是弟弟，剩下的三帅刚从四帅升上来，自然还没有实力做天子。

侍卫马步军司共五帅，最高统帅李重进起兵失败后由韩令坤接替。跟慕容延钊一样，韩令坤一直带兵在外，最后也一起罢免外放。石守信在"陈桥兵变"时留守开封，功劳极大，后来又补上韩令坤的元帅遗缺，大抵最难令赵匡胤安心。但石守信升元帅后，被任命为节度使，其军职虽暂予保留，但事实上并不掌侍卫司的兵权。结果，禁军原来的人事和人脉已被赵匡胤大幅调整。

第二，为彻底消除军人的威胁，实施"杯酒释兵权"。

在兵变后初期，赵匡胤任命亲信石守信、高怀德、王审琦、张令铎等人为节度使，但在同时，免去高、王、张的兼职，

石的军职暂予保留,但事实上与当年的李重进一样,不掌侍卫司的兵权,第二年连名义上的军职也免了,发生了历史上著名的"杯酒释兵权"。

石守信等人是已经跟随赵匡胤征战沙场多年的大将,为了彻底消除危险,也为了以后不至看到兔死狗烹、鸟尽弓藏的悲剧发生,赵匡胤在详细思虑以后,决定和大将们摊牌,用和平的方式彻底解决此事。就这样,961年的一天,宋太祖在宫里举行宴会,请石守信、王审琦等几位老将喝酒。酒过几巡,宋太祖命令在旁侍候的太监退下。他拿起一杯酒,先请大家干了杯,说:"我要不是有你们帮助,也不会有现在这个地位。但是你们哪儿知道,做皇帝也有很大难处,还不如做个节度使自在。不瞒各位说,这一年来,我就没有一夜睡过安稳觉。"石守信等人听了十分惊奇，连忙问这是什么缘故。宋太祖说："这还不明白？皇帝这个位子，谁不眼红呀？"石守信等听出话音来了。大家着了慌，跪在地上说："陛下为什么说这样的话？现在天下已经安定了，谁还敢对陛下三心二意？"宋太祖摇摇头说："对你们几位我还信不过？只怕你们的部下将士当中，有人贪图富贵，把黄袍披在你们身上。你们想不干，能行吗？"一席话，软中带硬，使

这些将领知道已经受到猜疑，弄不好还会引来杀身之祸，一时都惊恐万状，说："我们都是粗人，没想到这一点，请陛下指引一条出路。"宋太祖缓缓说道："人生在世，像白驹过隙那样短促，所以要得

到富贵的人，不过是想多聚金钱，多多娱乐，使子孙后代免于贫乏而已。你们不如释去兵权，到地方去，多置良田美宅，为子孙立永远不可动的产业。同时多买些歌儿舞女，日夜饮酒相欢，以终天年，朕同你们再结为婚姻，君臣之间，两无猜疑，上下相安，这样不是很好嘛！"石守信等人见宋太祖已把话讲得很明白，再无回旋余地。当时宋太祖已牢牢控制住中央禁军，几个将领别无他法，只得俯首听命，表示感谢太祖恩德。这样，在赵匡胤许下良田美宅、歌儿舞女、显赫富贵、子孙安乐、两无猜忌、其乐融融的诺言后，第二天上朝，石守信、王审琦、高

怀德等一班大将每人都递上一份奏章,说自己年老多病,请求辞职。宋太祖马上照准,收回他们的兵权,赏给他们一大笔财物,打发他们到地方上去做了有名无实的节度使。

在解除石守信等宿将的兵权后,太祖另选一些资历浅,个人威望不高,容易控制的人担任禁军将领。禁军领兵权析而为三,以名位较低的将领掌握三衙,这就意味着皇权对军队控制力的加强,而

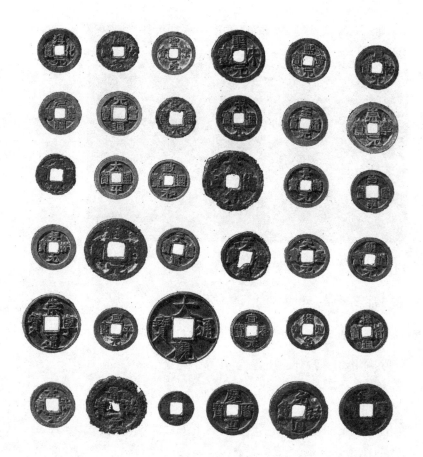

后宋太祖还兑现了与禁军高级将领联姻的诺言，把守寡的妹妹嫁给高怀德，后来又把女儿嫁给石守信和王审琦的儿子。张令铎的女儿则嫁给太祖三弟赵光美。

过了一段时期，又有一些节度使到京城来朝见。宋太祖在御花园举行宴会。太

祖说："你们都是国家老臣，现在藩镇的事务那么繁忙，还要你们干这种苦差，我真过意不去！"有个乖巧的节度使马上接口说："我本来没什么功劳，留在这个位子上也不合适，希望陛下让我告老回乡。"也有个节度使不知趣，唠唠叨叨地把自己的经历夸说了一番，说自己立过多少多少功劳。宋太祖听了，直皱眉头，说："这都是陈年老账了，尽提它干什么？"第二天，宋太祖把这些节度使的兵权全部解除了，节度使逐渐成为无实权的官位。宋太祖收回地方将领的兵权以后，建立了新的军事制度，从地方军队挑选出精兵，编成禁军, 由皇帝直接控制; 各地行政长官也由朝廷委派。

第三, 对禁军的内部结构及驻防方式进行变更。

赵匡胤把禁军的两司(殿前司和侍卫马步军司)分为三衙(又称三司), 即殿前司、侍卫马军司、侍卫步军司, 鼎足而立。三衙的将领则用一些资历较浅容易驾驭的人来担任, 且时常加以调动。这些将领虽统率军队, 而军队的调遣和移防等事情则要听命于枢密院。同时, 还实行"更戍法", 禁军的驻屯地点, 每隔几年更调一次, 而将领却不随之变动, 使得

"兵无常帅，帅无常师"，防止军队为将领所私有。

综观中国历代帝王驾驭功臣的策略不外乎杀、养、用三种，或兼而有之。无论采取哪种策略，都是出于巩固君主专制统治的需要。但是，对功臣采取杀戮的策略，容易激化君臣矛盾，不利于社会稳定。与汉高祖刘邦和明太祖朱元璋建国之后大肆屠杀功臣不同，赵匡胤采取了对功臣养而不用的策略。对功臣采取养起来的政策比较稳妥，有利于调节君臣关系，赵匡胤用和平的做法，轻而易举地解决了让所有的开国君主都头疼的军权分配问题，避免了以后出现臣下功高镇主、难于驾驭，以及疑忌杀戮、终成大祸、动摇国家根基的可能性。此外，赵匡胤能够采用这种方式来解决问题，不与曾经共患难的功臣们勾心斗角，本身也反映出了他的仁慈和宽厚，最终得到了历史的认可与称赞，被传为千古佳话。

（四）削弱地方权力与文官掌政

为巩固其中央政权的统治，赵匡胤在削弱武将权力同时，还开始削减地方长官的权力，并且重用文臣、重视文人。

首先，对于地方州郡一级长官的权力，宋太祖赵匡胤不许他们兼任一个州郡以上的职务，同时，地方州郡的兵权、财权和司法权也都收归朝廷；规定州郡长官由文臣担任，并且另设"通判"，使其互相牵制；而且，这些官员的任期都很短，一般是三年一换。这样，地方长官的权力分散，任期短暂，武力薄弱，就无法与朝廷对抗了，也就不会使"黄袍加身"的历史重演。

其次，赵匡胤对文官、言官这些手无缚鸡之力的文人采取尊敬

的态度，并且下令永远不杀士人、不杀言官。在立国之初，赵匡胤就在太庙庆殿的夹室内立下一块石碑，上面刻着三条誓约：一、保全柴氏子孙，不得因有罪加刑；二、不得杀士大夫和上书言事之人；三、不加农田之赋。赵匡胤严正警告后世子孙不得背弃上述誓言，否则即为不祥，必将遭受天谴。后来，当宋朝的新天子即位时，朝拜完太庙之后，必须跪着默诵誓词。按照规定，当时只能有一个不识字的内侍跟随着皇帝，其他人只能远远等

候。因此，除了宋朝的历任皇帝，再没有人能够知道誓约的内容。1127年靖康之变发生后，金国人为了搜罗战争赔款，将宋朝皇宫的宫门全部打开，人们这才看到了石碑的神秘容颜。据

说这块石碑高七八尺，宽四尺多，作为大宋帝国的祖宗家法世世传承。

按照"守内虚外""强干弱枝"的政策进行军事部署，削弱地方驻军规模和驻军素质，抽调精锐部队保卫京师。京师驻军与地方驻军数量相当，使之内外相制约。宋太宗在一次谈话里说："国家若无外扰，必有内患。外扰不过边事，皆可预防；惟奸邪无状，若为内患，深可惧也。帝王用心，常须谨此。"正是基于这样的认识，北宋时期的禁军有一半是驻防在京师及其附近的，其余的分戍全国各要冲地区，以镇压起义。边境上只驻屯少量的禁军，对辽、西夏的贵族势力采取被动的守势。

通过上述一系列措施，确实收到了预期的效果。宋太祖赵匡胤消灭了手下武将在擅言废立、改朝换代方面的潜在力量，彻底清除了其他人黄袍加身的可能性，也从此结束了五

代十国以来武人专横跋扈的局面，宋王朝没有变成第六个短命王朝。

但尽管如此，赵匡胤没有预料到这种统治所带来的负面影响。宋朝是历史上外患最严重的王朝，长期与辽、西夏、金，还有后来的蒙古对峙。但宋朝没有北方的草原提供马匹的来源，没有北方地区强壮的士兵来源，更重要的是没有占据汉人王朝一贯赖以生存的边墙——长

城。而在这种外患强烈的背景下，削夺大将兵权也削弱了部队的作战能力。皇帝直接掌握兵权，不懂军事的文官控制军队，武将频繁调动，兵不知将，将不知兵，虽然宋军有着先进的火器和出色的基层军官，但文官指挥能力的欠缺使得宋军的战斗力极为低下。同时，为制约地方的权力，增加诸多官吏，结果导致"冗官""冗兵"和"冗费"与日俱增，使宋封建国家陷于积贫积弱的局势中。到现在为止，几乎所有的书在谈到宋代时都冠以"柔弱"这样的字眼。最终，有宋一代，国家两次亡于社会制度落后于自己的游牧民族之手。